あなたの子どもはなぜ勉強しないのか

―そのアドバイスが子どもをダメにする―

神戸セミナー 校長（カウンセラー）
喜多 徹人

目次

第❷章

はじめに

野球少年だった私は、小学生、中学生のころ我流でバットの素振りを繰り返していました。

「プロ野球選手になるぞ」と可愛く思っていました。

ところが高校で硬式野球部に入ったら……今までやっていた素振りは「間違っていた」と教えられました。

つまり今までの「我流の素振り」はやらない方がよかったのです!!

「バットが下から出るアッパースイング」「バットが遠回りする」を改善するのにかなり苦労しました。

私たちは「やらないよりやった方がいい」と考えがちですが

「やらない方が良いこと」は実はよくあるのだということに気づかされました。

〝「正しい形」「正しいイメージ」でトレーニングを繰り返す〟ならいいことです。

しかし
〝「正しくないイメージ」を繰り返す〟ことは「やらない方がいい」
ということなのです。
学習においても「勉強に対するプラスのイメージ」を感じて勉強量が増えることはいい
ことなのですが
「いやだ」「辛い」「大変だ」「できればしたくない」と強く感じながら、たくさん勉強す
ることはお勧めできません。
「学習量を増やし、かつ効果を上げること」は
「学習に対してストレスを感じなくさせること」に尽きます。
うちの子は勉強しないので困っている。なんとか勉強するようにさせたい
と思っていらっしゃるお父様、お母様！
その方法は
『今までとは逆の働きかけをする』
なのです！

高等専修学校神戸セミナー

神戸セミナーは、中学で人間関係に苦労したり、起立性調節障害で通えなかったり、学習を頑張りたい気持ちがあってもうまくいかなかった人のための、「高校ではないもう一つの学校」です。

全日制高校とは違い、課題やテストに縛られることなく笑顔の回復を優先します。通信制高校とは違い、毎日通うことも出来ます。毎日通うのが辛い時期は、週に1~2回でも可能です。

方針は「笑顔と元気、心の余裕を優先する」ということ。

ストレスをためないスキルと、人間関係のスキルを身につけてもらうことを目指します。

大学受験予備校の神戸セミナーが併設されており、希望すれば、中学レベルからやり直して難関大受験を目指すことも可能です。通信制高校も併設しているので高卒資格も取得できます。

《設　立》 1977年（創業1970年）
《所在地》 神戸市中央区
《生徒数》 約250名
《ホームページ》
https://www.kobeseminar.ac.jp/

第1章 勉強のストレスを下げよう

1－1

学力アップのためには勉強のストレスを下げよう

京大に合格する人で「頑張る受験生」はいません!!
勉強にストレスを感じないことが最も大切

勉強にストレスを感じないこと＝学力アップ

「血尿が出るほど勉強した」「目から血が出るくらい頑張った！」などなど、超難関大学に合格した人の、このような「猛勉強武勇伝」を聞かされることがありますよね。

確かに「旧帝大」と呼ばれるような大学や国立大医学部に合格する人は、毎日14時間くらい受験学習をしているものです。土曜も日曜も関係なく、毎日コンスタントに勉強している人が多いものです。

では、ここで少し考えてみましょう。

難関大に合格する人は

「歯を食いしばって頑張っている」「遊びたい気持ちを我慢しながら勉強している」のでしょうか??

人間は14時間もストレスに耐えられるものでしょうか？

それで脳を活性化させて学習の効果が上がるのでしょうか？

実は成績優秀な人たちは「勉強しても疲れない」「勉強することにストレスを感じない」というタイプの人たちなのです。

公立中学に通う生徒さんを例に考えてみましょう。

「ちょっぴり要領のいい人」は1年生の段階で英語を上手に覚えます。

数学で少しいい成績を取れます。

仮にA君と呼びます。

成績がいいA君に対する周り（教員や保護者）の反応はどうなるかというと「ほめる」「認める」「あまり干渉しない」となりますね。

それに対して「要領が少し良くない人」「覚え方の技術が身についていない人」は中間テストや期末テストであまりいい点数が取れません。

仮にB君と呼びます。

B君には周りの大人はどう反応しがちになるでしょうか?

「頑張れ」「もっと勉強しろ」「クラブだけじゃダメだ」「いい高校へ行けないぞ」。勉強だけではなく、クラブのことやゲーム、パソコンがどうのこうのと言われる機会が増えるのではないでしょうか。

A君とB君とでは「中学生活」「学習」に対するイメージ、あるいは自分自身の「能力」に対するイメージが変化していきます。

A君は「気分がいい」「のびのびやろう」「自分はできるんだ」と思うようになります。

B君は「勉強の話題が出るのはイヤだ」「うちの親はうるさいなぁ」「僕はだめだなぁ」こんなイメージが少しずつ強化されていきます。中学3年生になって、受験勉強を本格的にしようかなっ? という時期になりました。

A君は「ようし、進学校を目指すぞ」「ちょっと勉強すれば僕なら合格するはずだ」と思って自分で考えて学習します。

一方Ｂ君は「勉強しても成績は伸びないんじゃないかな」「どこなら合格できるのかな」と考えて、エネルギーが勉強の方に向きません。また自信がないので勉強しても結果が出ない気がします。すると当然勉強したくなくなります。

親は「ちゃんと勉強しないと将来困るわよ」「Ａ君はあんなに頑張っているのよ。あなたも少しは見習ったら！」「努力が足りないのよ」と叱咤激励！！！！！

Ｂ君はストレスを感じてますますやる気がなくなります。

こうして「優秀で努力もするＡ君」と「能力も低いがやる気のないＢ君」が固定化されてしまいました。

Ａ君とＢ君の「差」はどうして生まれるのでしょうか？

最初は「少し要領がいい」「覚え方が上手ではない」という差でした。

俗に「頭が良い」「賢い」と言いますね。

でもこれは決して致命的な差ではないと思います。

一番影響が大きいのは

周りから肯定的に「評価」されるか、否定的に評価されるかなのです。

どうせ
ボクは
頭が
悪いのさ
ストレスがなければ
勉強ギライにならなかったかも…Ｂくん．

勉強できる・できない　の分かれ道

ここをもう少しくわしく見てみましょう

「いいこと」「楽しいこと」というプラスの暗示を与えることがとても大切です。

このへんが分かれ目

敏感な年頃だからこそ肯定的な暗示を

中学生は自我が形成される年頃で、大人にとってはたいしたことではないことに不安を感じます。「毛が生えてきた‼」「人より小さいのでは‼」などなど性の悩みなどは毎日のように頭を巡っています。

そんな年頃なので、周りの大人の暗示にはとても敏感です。

A君には「肯定的な対応」が繰り返されます。

・「おまえは優秀だ」
・「トップを目指せ、おまえならできる」
・成績が悪くても「どうしたんだ、おまえらしくもない、何かあったのか?」
・「ちゃんと勉強すれば○○高校は確実だ、絶対合格できる!」

B君にはちょっと否定的な、またストレスを与える表現が繰り返されます。

・「ダメだなあ、たまにはまともな点を取れないのか?」
・「平均点は無理だがせめて△△くらいできんのか!」
・「やっぱりおまえはダメだなぁ」
・「◇◇高校なんか行ける訳ないだろう。頑張ったら△△高校なら受かるかもしれんぞ」

「頑張れば○○高校に絶対合格できる」と言われるのと

「頑張ったら合格できるかもしれない」と言われるのとでは、どちらのモチベーションが上がるでしょうか?

私たちは

「絶対合格できる」という言い方は「自信につながる肯定的な言葉」であり、「合格できるかもしれない」は「不安をあおる否定的な言葉」と呼んでいます。

生徒さんがやる気になるのは結果が保証される肯定的な表現の方です。

ストレスを下げるための作戦

では、どうすれば勉強に対するストレスを下げることができるのでしょうか？

Point
①目標がはっきりしていること
②強制されないこと
③結果が出て自信につながること
④楽しむこと（頑張らない）

この４つがポイントです。

①目標がはっきりしていること

つまり具体的で明確な志望校があるととてもいいですね。

志望校は絶対に必要です。

「将来のために勉強しておけ！」

といわれてもなかなかやる気にはなりません。

「○○大学で野球部に入って神宮で活躍したい！」

「◇◇大学の△△先生のところで心理学の勉強をしたい！」

などの具体的な大学、学部、あるいは大学進学後にやりたいことのイメージを持つことがモチベーションアップにつながります。

　関西の受験生は、志望校を尋ねられて「関関同立」と答える人が多いのですが、「関関同立」は志望校ではありません。

　関西大学法学部、立命館大学国際関係学部と具体的な大学名、学部名、入試科目、できれば場所や入試日程も意識するといいですね。さらに合格し、入学した後の自分をイメージすることもお勧めです。

②強制されないこと

もともと好きなことでも、それが「義務」や「職業」になると、なかなか楽しむことができません。

「嫌ならやめてもいい」「でも好きでやっている」という気持ちが心の余裕となりストレスを下げることになります。

人間は何かを強制されると、ストレスを感じて楽しむことができなくなります。

つまり「快」でなく「不快」な部分が出てきます。

すると脳が活性化せず仕事や勉強の効率が悪くなります。

「怖いお母さんに睨まれているからいやいや机に向かっている」という状態は「机に向かって座っていて教材を開いている」というだけで「効果を上げる学習」には程遠い状態なのです。

「なかなか勉強しないので、家庭教師に来てもらった。家庭教師が来ている間だけでも勉強しているから少し安心」

というのは学習効果を考えると、はっきりいってマイナスです。

「勉強とはいやいややらされる嫌なもの」というイメージをいっそう強く持たせているだけになります。

「勉強しているような行動を親が感じるので、親のストレスが少し下がる」という効果はありますが……。

こういう癖がついている子どもさんは「勉強をしたくないモチベーション」が上がりますので、管理強制されないと一切勉強しようとは思わなくなります。

◇「勉強するのは管理されていやいややるときだけ」

◇「学習は我慢するものであり喜んでするものではない」

◇「自ら自発的に学習することはありえない」

こんな風に認識されると「学力が絶対伸びないスパイラル」に陥ってしまいます。

③結果が出て自信につながること

頑張っても頑張っても結果が出なければやる気はなくなります。

いやいや、「こうすれば結果が出る」とよくわかっていれば、「そのための準備をする」というだけなので、そもそも「頑張る」という感じにはならないと思います。

神戸セミナーでは授業の目的を「わからせること」ではなく「わかったと思ってもらうこと」であると定義しています。

「100の知識を教えたい」と思って授業をしたときに、多くの生徒さんが70理解したとしましょう。

このとき担当講師が「まだまだダメだ」という否定的メッセージを伝えたとします。

それに対して「70も身についている。ＯＫだ」「大事な部分は全て含まれている」と肯定的メッセージを伝えるのが「神戸セミナー流」なのです。

〝そんな甘いことではダメだ、生徒が怠ける〟と感じられる方もいらっしゃるでしょう。

でも

「これで十分だがあと30身につけると更によい」

「やらなくてもいいが難関大を目指す人はやった方がいいよ」

と表現すると、大多数の生徒さんは「更にやろう」と感じられます。

「できた」「わかった」という心理になるように仕掛けを作ることが大切です。

④楽しむこと

例えば小学生の子どもたちが、遊びでサッカーに2時間熱中していても「頑張った」とは言いませんし、自分たちも思いません。

ゲームに夢中で気がついたら3時間経っていても「スーパーマリオを頑張った」などとは表現しませんよね。

楽しいことは「やりたいこと」であり「頑張る」という概念とは別物なんですね。

実際にサッカーでもスーパーマリオでも集中して2~3時間やればスキルは必ず上がっています。

つまり

「楽しむ＝快」こそが学力アップの必要条件

「好きこそ物の上手なれ」という言葉を私たちは知っています。

しかし

なにか「勉強」や「受験」だと

『頑張るもの』

『我慢してすること』

『苦しみに耐えること』

みたいなイメージがついています。

ちょっと残念！

フジテレビ系で「トリビアの泉」という番組がありました。

受験や仕事や資格取得の役にはまったく立たないような「くだらない雑学」のみを紹介する娯楽番組です。

この番組を、ほとんどの人は「楽しんで」観ていたと思います。「楽しくないが雑学も知っておくべきだ」と我慢して観ていた人はいないと思います。

人間には「知的好奇心」というものがあります。なにもストレスを感じないで知識を増やせるのであれば「知りたい」という欲求は、もともと持っているのではないでしょうか。

勉強は“頑張る”ものじゃない

「目標を達成したいという強い意志」は必要です。しかし「大変だ、もっと頑張らないといけない」というイメージは負担感を増すだけで「自分には無理かな」と感じてしまいます。

「高尚な動機」よりも「本気の目標」があることが大切です。大切なことは「目標達成に向けて行動する」ということそのものではないでしょうか。

1－2　勉強には種類があります

授業と暗記だけでは学力は上がらない！

勉強の種類　～Teach と Study と Training～

「勉強する」「勉強しなさい」「勉強嫌い」といった言葉を私たちは日常的に使います。

ここで「勉強する」とはいったい具体的には何をすることなのかを考えてみたいと思います。

「勉強する」の内容は、実際にはいくつかに分類できます。

教えてもらう（Teach）

「勉強する」の代表的なものは「教えてもらう（Teach してもらう）」ですね。

学校や塾で授業を受ける、あるいは家庭教師に来てもらって教えてもらう。

多くの保護者の方がイメージするのはこれだと思います。

具体的に何をしているかというと「説明してもらう」が中心です。

英文法の現在完了を説明してもらう。

数学の二次方程式の解の出し方を手順を追って教えてもらう。

などがこれです。

教えてもらう

覚える（Study その1）

「教えてもらう」に加えて「自己学習」というのも大切です。「勉強は自分でするものだ」ともよく言われますよね。

では「自己学習」についてさらに中身を考えてみましょう。

一つ目はなんといっても「覚える」です。「受験勉強＝覚える（知識を増やすこと）」と多くの人はイメージされるのではないでしょうか。

いくら授業をたくさん受けても漢字や英単語がすぐに身に付くわけがない。「覚える」という作業をすることで初めて身に付くわけです。

「教えてもらう」は受身であるのに対して「覚える」は能動的です。ここはとても重要です。

大学入試にチャレンジするのに、英単語を全く覚えていなければこれはどうしようもない。バットを持たないでバッターボックスに立つようなものです。

イチロー選手でも松井秀喜選手でもバットを持っていなければヒットを打つことはできません。

覚える

整理する（Studyその2）

そして自己学習には「整理する」という行為もあります。「確認」や「なぞる」と言い換えてもいいかもしれません。

二次方程式の解の公式を教わったとき、英文法で現在完了の表す内容を教わったときに自分でもう一度「ああなるほど！　こういうことか」と整理したり、自力でもう一度やってみるのです。

数学の授業で、先生が二次方程式の解の公式はどうすれば導かれるのかをすらすらと黒板に書いていった。そのときはよくわからずに写しただけだった。それを後から自力でできるようにやってみるわけですね。

英文法の現在完了だと「完了」とか「継続」とか先生は言っていたけど「どうもピンとこないぞ」、と感じて「完了」と言っていたのはどういう状況か？　継続とはつまり何か？　とテキストやノートを見直して自分なりに「ピン」とくるように整理するのです。

これは「覚える」とは少し似ていますが、ちょっと違ってとても重要な作業なんです。

整理する

練習する（Training）

難関大の合格を目指す人には最も重要なのが、この「トレーニング」です。「本番に近い条件で頭を使う」と言い換えてもいいでしょう。

具体的には

「現代文の文章を読む」

「英語の長文を辞書なしで読む」

「数学の問題を試行錯誤して解いてみる」

などがこれです。

受験生と話すと、多くの人が「英語の長文を辞書なしで読む」というトレーニングをやっていないのです。模試のときだけだったりする。それで「模試のとき、英語は時間がなかった」とよく言っています。

それは当たり前なんですね。準備と練習なしでいきなり本番に挑んでも無理でしょう。

プロ野球選手がシーズンオフの後、素振りやバッティング練習を全くしないで試合に出場するようなもの。イチロー選手でもメジャーの155㎞の速球を打ち返すには2ヶ月ほど毎日トレーニングを繰り返して目を慣らしていくのですから。

さきほど、「英単語を覚えていないことはバットを持たないでバッターボックスに立つこと」とお話しました。

英語の入試において「一定量の英単語を確実に暗記する」ということは必要条件です。ただし、言うまでもありませんが「バットを持っている」＝「打てる」ではありません。受験英語の準備で最も重要なことは「素振り」と「バッティング練習」すなわち、「英語の長文を辞書なしでたくさん読む」に尽きます。

また数学の授業を受けて、説明を聞いただけですぐに問題が解けるかというとそうはい

練習する
楽器演奏でも
勉強でも
スポーツでも

きません。

その解き方でできる問題を3回、4回と練習してはじめて「解けるようになる」というレベルになるのです。特に数学は自転車に乗ることや、自動車の運転に似ています。

「運転の方法」をいくら教えてもらっても、実際にハンドルを持って運転してみないことには側方感覚は身につかないし、ウインカーやワイパーの場所は慣れることで身体で覚えていくのです。

実は暗記（=知識を増やすこと）はそれほど重要ではない

私の勤務している神戸セミナーは「基礎から始めて難関大」に特色のある予備校です。

中学から不登校で高校に在籍した経験のない方も入学されます。

中学レベルの英語の知識も身についていないところから大学受験にチャレンジする人がたくさんいらっしゃいます。

たとえば関西で「難関大」とされる関関同立に合格するために、優先順位の高いものは何でしょうか？

逆の見方をすると「関関同立に不合格になる原因で最も多いのはなにか？」を仮定してそれに対応すれば「中学レベルからやり直して関関同立に合格」が可能となります。（ここではケースの多い文系学部でお話しさせていただきます）

私たちの経験では、

①文章読解力（現代文）
②英語の知識

この二つの不足が、関関同立に不合格になる要因です。

「まじめに努力をして知識は十分身についている。高校の定期テストの成績は良いが模擬試験では点が取れない」という人は①の読解力不足が原因のことがほとんどです。

入試問題や模擬試験は「知識の有無だけを試される」という出題はあまりされません。

出題する側は「いかに結び付けて考えるか」を意識しています。読解力とは「予測する力」「結び付ける力」なので、そのトレーニングなしに知識のみを増やしても実際の入試問題には対応できないことになります。

「要領は良く能力は高いが、勉強不足で英単語が身についていない」という人も、残念ながら不合格になります。

「英単語が身についていないのはバットを持たずに打席に立つみたいなもの」と言いました。「英単語・熟語を実戦で使えるように身に付ける」は難関大入試ではどうしても必要です。

ただし、なぜ必要かというと「辞書なしで長文を読むトレーニングをする」ためなのです。大学入試の英語の得点は単語の語彙力で差が出るわけではありません。

英語の長文に書いてある抽象的な内容をいかに読み取るかで合否が決まります。

一定レベルの単語量をきっちり身に付けるということさえしておけば十分です。

具体的には単語と熟語を合わせて4000語程度だと思います。

このレベルの知識を身に付けるのに「物理的」には八ヶ月で可能です。

(ただし「心理的」には「強制されない」「自信を持っている」「英語にストレスを感じない」などのいろいろな条件が必要です。また適切で科学的な方法も大切です)

つまり高校2年生までまったく勉強していなくても

具体的な目標ができて、

勉強にストレスを感じないで

「自分ならできるはずだ」と自信を持たせて
Study その1、その2、Training など適切な学習を行えば
一定レベルの難関大に合格することは可能です。

重要なのは「こつこつ継続」よりも「いかに手を抜くか」

ここで注意しないといけないことは
「小さいときから真面目で勤勉な人」よりも「こつこつ覚えるよりも手を抜こうと考える人」の方が、難関大合格には適しているということです。

「学習の習慣をつける」

ということが重要視されがちですが、果たして本当でしょうか？

「勉強にマイナスイメージを持たない」

ということの方が重要です。

また10歳までの習慣は、自らの意思でなく親や先生の指示によってつくられます。

『遊びに行くのなら宿題をやってからにしなさい！』

と言われて宿題を「済ませてから」行くということは

学習の習慣は絶対必要!?

人間は変化する生き物です。幼少期にできた「ものの見方や考え方」は大人になっても継続しますが「行動」については感じ方によって変化していきます。

勉強を「作業をすること」「覚えること」と認識することはどちらかというと「マイナス」です。15歳を過ぎてから「結果を出すことが重要」と自覚して行動するほうが大学受験レベルでは成績が伸びやすいものなのです。

「宿題」＝嫌だけれどやらなければならないもの
「遊び」＝楽しくてやりたいこと
というイメージを固定化することになってしまいます。

勉強は「習慣」でやるようになるのでしょうか？

中学生以上になってから、「必要」で「やりたい」からやるのです。

そうでなければ本当の学力は身につきません。

「プラスのイメージ」さえ持っていれば学習を自らするようになります。

「早期教育」「幼児教育」に意味があるのは、

「興味関心を持つようにさせる」

「小さいのにすごいね」と褒められて、自信を持たせる。

という部分です。

「漢字を覚えさせること」「英語を少しでも知っておくこと」ではないのです。

漢字を無理やり覚えさせたので読み書きはできるが、いやいややらされた、ではマイナスになってしまいますね。

特に10歳までのお子さまをお持ちの方は「楽しませること」「喜ばせること」を意識してあげてください。

第2章

15歳を過ぎたら子どもの行動を変えることはできない

10歳以前

10歳までの子どもは素直

職員の幼いときの例をいくつか紹介します。

ある講師が2～3歳のときにお父さまにこんなことをされたという話です。

家の車のバンパーに、わざと体をぶつけられてすごく痛かった。もちろん大泣きした。お父さまは「いいか、車にぶつかったら本当はもっともっと痛いんだぞ。絶対に車には近づくな」と教えたそうです。「そうなんだ。車は痛いんだ」と素直に思ったそうです。

つぎに男子職員の5歳のころの話です。家のトイレは入ると男子の小用があり、さらにドアを入ると女子用がある構造だったそうです。お母さまが奥に入っているときに、小をするために5歳の本人が入って使用しました。するとあとでお母さまが「家ではいいけど、家以外のところでは女性が入っているところに入るのはだめよ、失礼なのよ」と教えられたそうです。30年以上たっても覚えているのだからそう言われてよほど新鮮だったのでしょう。へえ、そうなんだ、教えてもらってよかった、と強く印象に残っているのだそうです。

多くの保護者の方はお子さまが小学校1年生のときの運動会に応援に行かれると思います。ひょっとして祖父母さまや伯父さま叔母さまも参加されることもあるかもしれません。

私も姪の小学校の運動会に行ったことがあります。

わが子の徒競走の出番が近づいてくると、お父さまはカメラやビデオの準備と場所とりに向かって大忙し！　お母さまはわが子が走り出すと声援を送りますよね。

１０歳まで
…………指導
１０歳〜１５歳
…………微妙
１５歳以上
…………肯定

10歳までのお子さまは、親がしっかりと伝えるメッセージをそのまま学習します。

10歳までのコミュニケーション

15歳からのコミュニケーション

15歳を過ぎると「親子の関係性」の影響を受けます。また「親の思っていること」は事前に予測しています。

私自身が小学校1年生のときのエピソードをご紹介します。
運動会の前日に母が7歳の徹人《てつと》少年にこう言いました。
あしたの徒競走のときに、応援するけど「てっちゃ～ん」と呼ばれてもこっち向いちゃだめよ。呼んでるのではなく応援してるんだからね。

「うんわかった」

それで運動会当日。私は小さいときからボール投げと走るのが大好きで、徒競走の順番が来るのが待ち遠しくてそわそわしていました。
いよいよスタートの順番が来て、よーいどんでスタート！　10mほど走ると左のほうから「てっちゃーん！」と母の声が!!
そこはさすがに小学1年生、一晩寝ると昨夜のことは覚えていません。「自分が呼ばれている」「何か大変なことがあったのか」と思わず母たちの方を見て立ち止まってしまいました。（笑）
母たちは焦り気味にゴールのほうを指差して「はよ走り、走り！」と騒いでいます。「言われなくても走ってるわ」「用がなかったら呼ぶな」と思いつつ、そこで昨夜の言葉を思い出してちょっと恥ずかしくなりながら全速力でゴールに走り出しました。俊足の徹人少年は立ち止まったにもかかわらず、たしか一番だったと覚えています。

今はかなりひねくれている私（!?）でさえも、10歳までの時期というのはこのように大変素直な反応をします。

逆に言うと素直なだけに、親が感じていることや雰囲気はそのまま伝わります。

お子さまが3歳で来年の4月から幼稚園の3年保育に入園させることになったとしましょう。

入園の半年前くらいから「幼稚園は楽しいよ」「お友達いっぱいできるよ」「とてもいいところだよ」とプラスの表現を繰り返し、プラスの暗示を与えてあげるとお子さまはまだ体験していない幼稚園という

ところに肯定的なイメージを持つようになります。

幼稚園に対して「なんか楽しそう」「早く行きたい」と思うようになり喜んで素直に通えるようになりますよね。


ところがお母さまに不安な気持ちがあって「一人でバスに乗れるかしら。泣き叫んだらどうしよう」「オムツが取れてトイレに行けるかしら。早くトイレトレーニングさせないとだめだわ。うちの子は遅れているわ」などと思う気持ちが強いと
「ママがいなくても一人でバスに乗れる？　ママって泣いても会えないのよ」

「先生におしっこって言える？　お漏らししたら恥ずかしいよ」

「オムツが取れないと幼稚園に入れてもらえないよ」

という聞き方をしてしまいます。

不安のスパイラル
大変なんだよ
○○しないと
いけない
入れて
もらえないよ
△△できないと
困るよ

お母さまの不安が伝わってしまい、本人もとても不安になってしまいます。

すると「○○しないといけない」「○○ができないとすごく困ったことになる」「よくわからないし不安だ、どうしていいかわからない」「幼稚園に行くためにはすごく大変なことをしないといけないんだ」という気持ちになってきて、マイナスイメージが高まってしまいます。

10歳までは親の表情や、投げかけられる言葉でご本人も不安になるか「大丈夫だ」「できそうだ」と感じるか敏感に変化する時期でもあります。

プラスの暗示

「ある出来事」が「快」か「不快」かは事前情報に影響されやすいものです。

マイナスの暗示

マイナスのイメージを持ってしまうと経験する前に「拒絶感」を感じてしまいます。

10~15歳

思春期からは物事を相対化できるようになる

これが10歳から15歳、つまり小学校高学年から中学生ぐらいになると、親の言うことをそれほど素直には信じなくなってきます。半分は疑って聞いている。「その手には乗らんぞ~」という雰囲気にだんだんなってくる。経験が増えて「学習」していますから「親の言うことを聞くとろくな目にあわない」と思うようになっているかもしれない。10歳から思春期にかけてはそういうお年頃なんです。

たとえばさっきの車の例だと

「説明してくれたらわかるのにわざと痛い目にあわさなくてもいいじゃない」と感じるかもしれません。

トイレの例だと

そう指摘されることがちょっと恥ずかしいと感じてしまうので「そんなことわかってるわ」と反発するかもしれません。

私の運動会のケースは「立ち止まること」自体がありえないですね。

お子さまが中学生のときに運動会(体育祭?)の応援に行かれる方はいらっしゃい

ますか。おそらく少数ではないでしょうか。「親に来てほしい」「応援してもらって嬉しい」と反応される中学生は少ないと思います。内心は嬉しくても同級生の手前とても恥ずかしいので怒ったり無視したりするケースが多いのではないでしょうか。どうしても行きたいときはこっそり内緒で見ているほうがいいですね。

少年サッカーの指導者の方にこんな話を聞いたことがあります。

小学校低学年までのサッカーは一人か二人の能力の高い子どもがいるチームが勝つそうです。足が速かったり、キック力が優れた子にボールを集め、ドリブルで突破したり強いシュートでどんどんゴールができる。ところが高学年になると個人技だけでは勝てなくなってくる。4年生くらいから「組織的なプレー」ができるようになってくる。「ゾーンで守る」「優秀な選手は二人以上でマークする」などの戦術が機能するようになるんですね。個人技だけで勝つことができてきたチームは戦術がおろそかになってしまう。また優秀な選手以外の子の力量がついていない、などの弊害が見えてくるそうです。

これも「相対化」のわかりやすい例だと思います。

15歳以降

15歳を過ぎたら「自分の子ども」と思ってはいけない

これが15歳を過ぎるともっと大変です。はっきり言って「親は敵だ」というイメージです。基本的に「親の言うことには逆らおう」と思われるのが自然です。逆にそうでないと心配です。

大学進学予定の高3の男の子がいらっしゃるご家庭での日曜日、昼食のあとリビングで夕方までずっとテレビのドラマを息子さんが観ているとしましょう。もう9月です。うちの子はやればできるのに、ぜんぜん努力しないとお母さまは思っていらっしゃる。いくらなんでもお母さまは我慢の限界！

「いい加減に勉強しなさいっ！　そんな受験生がどこにいるのっ！」

「(お母さんが言うのももっともだ) うん、わかった。ママが言うから勉強がんばるよ」なんて家庭が日本中に何軒もあるでしょうか？

もしそんな会話が成立しているならば「発達」について、ちょっと、いやかなり心配です。すぐにどこかで相談されたほうがいい。

自然なのはこっちのほうです。

「いい加減に勉強しなさいっ！　そんな受験生がどこにいるのっ！」
「うるさいなぁ、今やろうと思ってたのに、やる気なくなったわ、ばばぁだまっとれっ」（バタンッとドアを閉めて出て行く）

これなら自然で健全です。「ああ、うちはこんな感じだ」と思われたら安心してください。ご子息は健全に成育していらっしゃいます（笑）。

まとめてみます。

お子さまの成長によって親御さまの対応を変えていくのがお勧めです。

10歳まで　：指示する（ただしなるべく肯定的な暗示を与える）
10～15歳　：思っていることや考えていることをある程度尊重する
15歳以上　：指示やアドバイスは一切しない

これが私たちのお勧めパターンです。

「元服」という制度が日本にはありました。思春期を過ぎたら名前を変えて、大人として一人前扱いするよという儀式ですね。これは発達科学としてみるととてもすばらしい制度だったと思います。本人に自覚を促すという意味以上に、親や周りの大人が「もう一人前扱いしないといけないんだ」と認識する効果がありますよね。

15歳を過ぎたら「親に言われて素直に反応する」ことは原則としてありえないですよね。

やる気をなくす一言①　やろうと思ってた

やる気をなくす一言②　比較

兄弟や親と比較されて「見習え」と言われて喜ぶ高校生はいないと思います。

ケーススタディ
母の中では永遠の9歳

何年か前のご相談でこんなケースがありました。

兵庫県外の方ですが、中高一貫の進学校を卒業した19歳の受験生のお母さまからの相談です。中学高校と寮生活で親元を離れていらっしゃいました。全国的にも有名な進学校です。東大、京大に何十人も合格する学校です。そんな学校で高校3年時の成績は下位。高校卒業後、実家に戻って大手予備校で浪人されたが「うまくいっていない」。

現在二浪目だが予備校にも通わず勉強もしていない状況でのご相談です。

こういうご相談の場合、私たちは、まず「親子の関係性」「親の介入の度合い」について知りたいと考えます。いろいろお話ししていると、お母さまは「うちの子は私にとても優しくて本当にいい子なんです(親とはとても仲がいい)」と説明されました。ご本人が9歳の時、お母さまのお誕生日に自分のお小遣いで花束を贈ってくれたというエピソードがその根拠だとおっしゃいました。9歳の子がお母さんの誕生日にお小遣いで花を買って贈るなんて、大変な行動力で素敵なことだと思います。お母さまにとっては感動だったでしょう。

小学生のときは中学受験の進学塾に通い、成績もよくて、親の言うことを素直に聞くお子さまだったと思います。しかし全国的にも有名な中高一貫進学校に入学され、六年間の寮生活で親元を離れて生活されました。思春期を経てもうすぐ二十歳の方です。小学校までは抜群に成績もよかったでしょうが、その学校ではいろいろと苦労されたと思います。「親子の関係性」というものは15歳を超えてくると必然的に変化していきます。

お母さまにとっては「小学生時代のすばらしい息子」のイメージがある。9歳のときの感動的な出来事の思い出をずっと大切に胸の中に抱き続けていらっしゃる。小学生のときはお母さまが励ましたり指示をするとうまくいった経験がある。自分（母）のことは素直に聞くという成功体験がある。

しかし息子さんの方は9歳のことなんてまったく覚えていないものです。

12歳で親元を離れて寮生活、18歳で戻ってこられた。

これはまったくの別人格だと認識されたほうがいいんです。

すくなくとも100％大人だとして扱ってあげた方がいいですね。

年代別　親子関係

10歳までの親子関係
ママの言うことよく聞くのよ
ドリル
キラキラ
ハイママ
親の言うことを素直に聞く頃
10～15歳の親子関係
言うことを聞かないと大変なことになるわよ
ドリル
親の言うことを聞いてたらロクなことにならないという気分の頃
15歳以上の親子関係
そんなんじゃロクな人間にならないわよ
フン！
親は敵！　の頃
プリプリ
言うことを聞いてあなたみたいになるならあなたの言うことは聞きたくない
思っている以上に大人。これぐらいシンラツなこと考えてたりします

お子さまは成長していきます。10歳までの子にしていた、お母さまの「成功体験」を高校生になってからも続けると逆効果になりがちです。

15歳になったら「元服」だと思いましょう。自覚を持たせるためには細かい指示をしないことが重要です。

年代別　理想の親子関係

10歳まで
幼稚園は楽しいよー
わーい
小学校はいいよー
ワクワク
お友達たくさんできるよー
プラスの暗示を
10〜15歳
ガンバったのに成績上がらないあの先生キライ!
ホントがんばってたもんねでももっとやれるって期待されてるのかもよ
他の人もガンバってるからまだまだ努力が……
99%共感と肯定言いたいことは1%
15歳以上の親子関係
適度な距離をおいてニコニコして別のことをしているでもいつでも対応できるようスタンバっておく
大人になって
親子で互いにリスペクト!

昔のお母さまの成功体験を持ったままで、親が何とかしてあげよう、引っ張ってあげようと考えて介入しようとすると99．99％くらいの確率で「失敗」します。

お子さまは変化します。それはもちろん成長なんです。

まず、それを認める、受け入れるというところが私からのお願いです。

さて15歳を超えたら親には子どもの行動を変えることはできないとまず思われた方がいいと思います。

15歳までの「成功体験」（または「親の幻想」!?）をお子さまが15歳以上になっても適用しようとするとちょっと「危ない」かもしれません。

ではどうすればいいのか？

基本的には「わが子」ではなく「独立した大人」と思ってあげることが出発点だと私は思っています。

世の中には「大人の行動を変える職業」がたくさんあります。

そういう職業の方々の基本原則を適用すればいいのです。

第3章

「行動を変えるプロ」に学ぼう

3－1 いい関係性を作る

「大人の行動を変える職業」を真似してみよう！

そういうお仕事の人たちの行動には「原則」がいくつかあります。それを少し真似してみようというのがこの章の目的です。

例えば営業マン

何もなければ購入されないお客さまに対して、情報を与えて商品説明をして「なるほど」と思っていただき、購入に結びつける。

いろいろな仕事の中でも技術とスキルの必要な、難しい、そして面白くてやりがいのある仕事です。婦人服の小売店店頭での営業もあれば、お客さまのところへ訪問する営業もあります。個人の方の商品もあるし会社に対する営業もあります。

就職活動をしている学生さんの多くは「営業」に対してあまり良いイメージを持っていないことが多いですね。

一般の人はドラマや漫画に出てくる「営業」しかよくわからない。

そういった世界での「営業」は、お客さまにぺこぺこしてひたすらお願いをする。会社に帰ると「ノルマができていない！」と上司に怒られる。

こんなしんどくてつまらないものが「営業」と一般的には思われているようです。

しかし例えば、私たちの学校、神戸セミナーへのお問い合わせのお電話や、来校されての相談や学校説明も広い意味での「営業」です。

さきほどの中高一貫校の方のお母さまのお問い合わせもそのひとつです。

・まず状況をお聞きして、誰が何に困っていらっしゃるのかを教えていただく。

・次に押し付けではなく、どんな方法があるかの適切な情報をお伝えする。

・神戸セミナーに入学される場合は、どんな対応ができるのかの選択肢をあげてご説明する。

・必ずしも神戸セミナー入学がベストとは限りませんので、必要なら他の学校や機関を紹介することもある。

・保護者の方には必ず、「親が入学を勧めない方がいいですよ」とお願いする。

こんなやり取りをします。

「ああ、なるほど、こんな予備校があるんだ」

「えっ、親はアドバイスしない方がいいのか」

「高校中退でも、精神的に不安定でも難関大に合格する人は多いんだ」

「不安を与えずに肯定しろ」「『頑張れ』と言わずに『頑張ってるね』」と言うのか、
たしかに今まで子どもに対して否定的なメッセージを続けていたなぁ。難しそうだが
やってみよう」「焦らせると不安になるからダメなのか」「それにしても『入学を勧めるな』と言われるのには驚いたなぁ。確かに親の言うことには逆らうからまったくその通りかもしれないな」

保護者の方にこんな風に思っていただき、

「神戸セミナーで話を聞いてアドバイスを試してみたら、家庭の状況が変わった」

「会話が普通にできるようになった」

「表情が明るくなった」

「精神的に少し落ち着いてきた」

となってくれれば私たちも嬉しいですし、ご本人が関心を持てば入学をされることもあるでしょう。

そう、営業とはカウンセリングでもあり、コンサルティングでもあるのです。

実際に営業マンの行動の原則があります。

心理カウンセラー

心理カウンセラーという仕事は、精神的に不安な人、困っている人に対して、さまざまな「療法」を駆使して元気になっていただく。こんなお仕事です。

リストカットや拒食されていた人が、カウンセラーと接触することによって元気になって、その行動がうまくいくようにしなければなりません。

飲み屋のママ

飲食店はリピーターの確保が大切です。常連さんというやつですね。

飲み屋のママは仕事帰りのサラリーマンの方が何しに来られるかをよくわかっている。仕事でイライラしていた、ストレスを感じていたのを、気分よく飲んでいただい

て、明日の朝またすっきりと仕事に行っていただくように対応される。

へたなカウンセラーよりもよっぽど上手な人たちがたくさんいます。

ストレス解消になって、すっきりして翌日気分よく働けるようになるのならサラリーマンは毎日でも通ってくれますね。

人の行動を変えるプロのいくつかの例をご紹介しました。

学校教諭と受験生の親

もちろん学校の先生も、そして、今この本を読んでいただいている多くの「受験生の親」の皆さんも「生徒や子どもを前向きな気持ちにさせて、勉強量を増やしたい」という思いをお持ちだと思います。

とにかく状況を変えたい。行動を変えさせたい。

では「営業マン」「カウンセラー」「飲み屋のママさん」に共通していることで、「受験生の親」があまり意識されていないことをご紹介します。

相手はどうすれば喜ぶか?

まず基本中の基本は「こちらの話を聞きたいと思っていただく」が大前提です。

そして「もっと話をしたい。自分のことを聞いてほしい」と思っていただかないとニーズがわかりませんので変化も起こすことができません。

飲み屋のママの鉄則

カウンセラーも、飲み屋のママさんも、まずはこちらからは何も言わないで先方の話を聞くことに徹しています。

「いやあ、会社でこんなことがあってねぇ……ママに言っても仕方ないんだけどね」
「あら元気なさそうですね、どうされたの？」

こんな感じですよね。

このとき大切なことは、話を聞こうとする雰囲気であり、姿勢です。

・付き出し（おつまみ）を準備するために手は動かしているけれども話に必ず反応する。（「あら」「まぁ」「そうなの」「へぇ〜」）
・いやな表情を絶対にしない。（常に微笑を浮かべ、自分が困っていることを相手が言ったら少し悲

しそうな顔を一緒にしてあげる）
・相手が話そうとするのを絶対にさえぎらない。
・指示やアドバイスをしないで、とにかく聴く。
これでお客さまはどんどん話をされます。
客　「俺もう会社辞めるわ」
ママ「あらどうしたの？　元気なさそうね」
客　「うちの会社なぁ、なかがバラバラで指示がでたらめなんよ」
ママ「なにかあったの？」
客　「課長に指示されて取引先に提案して、ようやく承諾してもらったら部長が怒り出してね」
ママ「それは大変ですね」
客　「あんな部長の元ではやっとれんわっ！　だいたい課長も課長で根回しが下手でなぁ、前にも生産ラインに相談しないで納品が遅れてトラブルがあったしなぁ、尻拭いはいつも営業担当者がせなあかん」
上級者はここでお客さまを機嫌よくさせます。

ほめます。肯定します。

ママ「一流企業にお勤めの方はやっぱり大変ですねぇ、私ら一人でやってて気楽な商売ですから、想像もつきませんわ」

「営業の方って大変ですよね、だから優秀な人が営業マンになるんでしょう」

例えばこんな感じです。

間違っても、「本当のこと（客観的な事実）」を言ってはいけません!!

「企業に勤めていればどこでもそういう苦労はあるものだ」

「課長も部長もそれぞれ立場があったのではないか」

「生産ラインに確認するのは課長の責任か？　営業担当者が事前にチェックするのが普通ではないのか？」

もし飲み屋のママさんがビジネスのわかる方でこんな「本当のこと」を話したらどうでしょうか？

「会社で上司に言われる話」が繰り返されることになります。

お客さまの目的は

「仕事で怒られたストレスを、職場とはまったく関係のない場所で発散すること」

こんなママのいる店なら通いたい

職場で言われているような本当の話をしてはいけません。
必要なことは共感と笑顔です。

こんなママのいる店には通いたくない

職場の上司が言うような「正論」「本当のこと」を言うとストレスがたまるだけ！
正論を言うと「あなたが悪い」「愚痴なんか言うな！」というメッセージになります。

に尽きます。

愚痴を聞いてもらって、ちょっとほめられたお客さまは気分転換できて明日も朝から頑張って出勤されます。

とにかく〝思ったこと、本当のことを言わない〟は大原則です。

営業マンの鉄則

コピー機の営業マンが零細企業に営業訪問します。

「お宅ぐらいの規模の会社で、お宅ぐらいの売り上げで、この業種だと、このコピー機がぴったりです」ということを言いたい。でもそれをどう表現するかはとても難しい。直接的な表現は絶対しないですね。

年商は2、800万円ぐらいで、家族が3人、パート二人の零細企業さんに対して「お宅ぐらいの零細企業だったら」という表現は絶対しない。そう表現されたらちょっと気分悪いですよね。本当のことであり、わかっている。間違っていない。でも自分が言うのはいいけれど、他人に言われるのは嬉しくない。「あなたの会社は、吹けば飛ぶような小さい会社ですよね」と言われて喜ぶ経営者はいません。

たとえば社長さんがクールビズとかいながら、ちょっと派手な赤と青のシャツを着て、「変やな」と思っても営業マンが「本当の感想」を言うわけがない。気に入られないといけないから。どういう表現をすれば、この社長さんは喜んでいただけるかな？　「こういうことに気がついたけど、これは言わないでおこう」と考える。

Point

大人の行動を変えるためには、
【目標】話を聴きたいと思っていただく関係性を作る
そのためには
【原則】相手の喜ぶ情報を提供する
【原則】思ったことや、「本当のこと」をストレートに言わない

営業マンも、飲み屋のママも、カウンセラーも相手を喜ばせることを考えます。

客観的な事実かもしれないけど、思ったことは言いません。

デキる営業マンのやりとり

「お客さまの喜ぶ表現」がポイントです。

「本当のこと」「自分が感じたこと」をそのまま言うと、失敗することは目に見えています。

ダメな営業マンのやりとり

なぜなら仲良くなりたいからです。

あっ、この人が営業に来てよかったわ、この人の話聞いたら得するかもしれんから聞こ！　とかね。

行っても嫌がられない、話を聞きたい、という気分にならないと先へは絶対進みません。間違いなく進まない。これは関係性を作るため。相手が喜ぶため。話を聞いてもらうため。

３－２ 関係性を作るためには肯定する
15歳過ぎた相手は意識と行動をまず肯定する

お子さんの現状を見ていて、「なぜ勉強しないんだ」「私ならこうするのに！」と感じることはよくありますよね。

いらいらして説教したくなったとしましょう。

「おまえはいつまでたっても勉強もせえへんし、家の手伝いもせえへんし、昼間からゲームするか寝てるだけや」と言う。いきなり否定ですよね。

人間は否定されると「こいつは敵や」と、どうしても思ってしまいます。

そこで提案しても、聞くわけがない。

説教、説得、命令になりますね。基本的に聞かないで拒絶されます。

そういう形を避けるために技術的な戦略・作戦が必要になります。

厳しい指導が成功する条件

まず、「肯定する」の逆で「説教する」「厳しく指導する」が成功する条件を紹介し

親の成功体験談

15歳以上になったら「親の成功体験」は「いやな話」と感じます。

「共感すること」がストレスを下げて「考える」という行動につながります。

親の失敗体験談

＊最近のゲーム機では、似顔絵ツールで、好きな顔のキャラクターが作れるようになっています。

ます。

Point

「厳しい指導」が成功するための条件

目標が具体的で明確

自信を持っている

関係性が構築されている

中学や高校のスポーツの強豪チームの練習は、それはそれは厳しいものですよね。

一昔前の鉄拳制裁みたいなものは減っていると思います。でも怒鳴られたり、立ち上がれなくなるまでシゴくくらいのことは「普通に」あったりします。

ポイントは「厳しい練習で強くなる」という事実ですね。

私は高校時代に硬式野球部に所属して1番セカンドのレギュラーでした。

大学生のときは野球部に入らず、出身高校のコーチをしていました。

当時は知識も経験も乏しくまだ若かったですから心理学的な「理論」を持っているわけもなく、それほど「良い」指導ができていたかどうかは疑問です。

守備練習でノックをするのですが、今、思い出すとかなりの「鬼コーチ」だったと思います。

「そんなプレーでは勝てるわけがないっ！」

「やる気がなければ帰れ！」

「今すぐやめろっ！」

「お前ら勝つ気があるのか」

このくらいのことはよく言っていた（というよりも怒鳴っていた）と思います。

でも実際にはそう言われても後輩はやめないし、練習にはさらに集中して取り組むものです。

じゃあお子さまの勉強についても同じか!?

「そんな勉強の仕方では受かるわけがないっ！」

「やる気がなければ受験はやめてしまえ！」

「合格する気があるのかっ！」

ちょっと言ってみたいですよね。

えっ？

実際にやっている？　それで効果はいかがですか？

効果があったらこの本は読まれていないかも（笑）

実は「厳しく指導して効果がある」には次の前提が必要です。

厳しく指導して効果がある前提条件

①目標が具体的で明確
②自信を持っている
③関係性が構築されている

私の野球部の指導の場合は
①目標が具体的で明確
という前提がまずあります。

私の母校は滋賀県の公立進学校ですが、選抜に2回、夏の選手権大会に2回の甲子園出場経験があります。私が3年生のときに夏の甲子園に出場していますので、クラブの文化として「甲子園出場を目指す」は大前提として合意されています。
②自信を持っている
厳しく指導するのは少なくともレギュラークラスの中心選手に対してです。また主力選手として見込みのある選手たちです。入部したばかりの1年生には厳しくは言い

ません。

③関係性ができている

「どこのだれかわからない人」に厳しく言われても人はきょとんとするだけです。

また尊敬できない相手に言われたら反発するだけです。

また自分のことをわかってくれている、ということもとても大切です。

「自分が中学のときに甲子園に出場した先輩」

「テレビにも新聞にも載っていた憧れの先輩」

「いつも練習に来てくれている先輩」だからこそ厳しく言っても受け入れてくれます。

スポーツでも、受験勉強でも、仕事でも、まったく同じだと思います。

①目標が明確でないと「何言ってんの」となってピントはずれとなり関係性が悪化するだけ

否定しない
できれば肯定
受容と共感

②自信がないと「ああやっぱり自分には無理だ」となって逃げたり避けたりするだけ
③関係性ができていない相手だと反発してさらに関係性が悪化するだけ
となってしまいます。
では「明確な目標」、「自信」、「関係性」がそろっていないときはどうすればいいのか？

Point

「厳しく指導」の条件がそろっていないとき
まずは
・否定しない
・できれば肯定する
・目指すは受容と共感

これがお勧めパターンです。
こうすることで関係性を構築し、自信を持たせるようにします。
自信がつけば「本当の目標」も決まっていきます。

どうして子どもに気を遣わなきゃいけないの？

「なるほど理屈は確かにそうかもしれん」

「でも仕事じゃないのに、子どもに気を遣わないとあかんのか」という声が聞こえてきそうです。

うちの子だ、金を出している。苦労して育ててきた。親の言うことを聞くのは当然だ。

そういう感覚は自然なことですし、私もそう感じることがあります。


ここで恐縮ですが、かなり昔のことを思い出していただきたいのです。

お子さんが1歳、2歳、3歳ぐらいのときに果たして本当のことを言ったでしょうか？　年齢相当のレベルで伝わるように表現するし、本当のことを言ったところでさらに泣き叫ぶだけだと思ったら言わな

いようにされたのではないでしょうか。皆さん、過去にはご経験されてきたと思います。5歳ぐらいから10歳ぐらいまでは比較的扱いやすくなってきます。「本当のこと」がある程度通用するようになります。

言えばある程度話は聞いてくれる。世の中の理屈もある程度分かってきている。先のことも予測して、親のことも考えて行動してくれるようになってくる。すると、そのあたりから親の側は結果を求める癖がどうしてもついてきます。

「結果を求める」というのは、ビジネスの世界で管理職が部下に対するのと一緒ですね。私も職場での職員に対する指導の場合は、命令します。

受容と共感で仕事してません（笑）。基本は「やれ！」ですよね。

たとえば教員を外部の研修に参加させるときに「どれに参加したいか？」と本人に聞くことはまずありません。また職務分担でも同じで、生徒管理の担当、総務の担当でも、「来年から、君、これしなさい」と、100％命令です。

言葉じゃなく雰囲気で先を読んで行動する

仕事の場合は関係性が特殊です。（尊敬されているかどうかは、ちょっとよくわかりませんが……たぶん違うと思いますけど）職務上、人事権があるし、査定もあるし、聞かなければならない。皆さん能力もあり自信もあるのでついてきてくれます。だから、命令、説教でも機能している。効率がいい。

さてご家庭ではどうなのか？

3歳ぐらいまでは間違いなく「すべて肯定」で対応されているはずです。「眠い」「おなか減った」「遊びたい」を否定しても意味がないですし、受容するしかないですよね。様子を見ながら結局は親もストレスを感じながらやってやる。

幼稚園に行くようになってトイレも自分でできて言葉も普通に通じるようになると指示や言い聞かせの割合が増えてくる。親も少しラクになる。

お子さまもどんどん成長して先が読めるようになって、親が直接言わなくても「こういう行動すると親は喜ぶかな」と考えて行動することがおきてくる。

神戸セミナーの生徒さんにはそのパターンが非常に多いです。先を読む力がある。親がどう思っているかを雰囲気から読み取る。

それが精神的に余裕をもった状態でできていればいいんで

すが、いろんなことで余裕がなくなってきた、あるいは努力を一生懸命するまじめなタイプの人であれば、あるときちょっとしんどくなって、バーンアウトするなり大変だなあという気分になる。すると今まで素直でいい子だったのに親にすごく逆らうとか、暴力的なことをするとか、そういうパターンは非常によくお聞きします。

自分の成功体験を話したくなったら

ここで大事なことは、「今からはどう対応するか」ということなんです。そのキーワードが受容と共感なのです。

保護者自身が能力が高く、社会的にもりっぱなお仕事をされている方であると、当然のことながら「自分はこうやって努力した」「こうすれば必ずうまくいく」という信念を持ってらっしゃいます。

必然的に、自分の子どもにはご自身の成功体験というものを伝えたいという気持ちになりますよね。

私は今の仕事を31歳で始めさせてもらったのですが、最初の4年間ぐらいは自分の成功体験を一生懸命教えようと思っていました。

しかし、それではなかなかうまくいかない。全然、駄目でした。当時は中退、不登校の生徒さんはほとんどいらっしゃいませんでした。高卒浪人生で少し勉強が遅れ気味の人が対象でした。でもなかなかうまくいかない。「こう考えてこう行動すればうまくいくぞ〜」というパターンでやっても劇的に変わっていただくのは100人に１人か２人の感じでした。当時は「教育とは強制すること」と思っていました。

どうしても「自分ならこうするのに」という発想をしていました。「僕は受験のときは毎日14時間勉強したよ。君も見習いなさい」みたいな『指導』なんですね。

それで反省・学習しながら、また心理学を本格的に学んでたどり着いたのが今のやり方とシステムです。

その人の今の能力と、今の精神状態で理解できて許容できるレベルの話にして、関係性がよくなったらいい、と。

「受験生なんだから、土日も家で５時間くらいは勉強するのが普通でしょう。お父さんは頑張ったよ。お前も見習いなさい」

そういう目で見ちゃうと、土日、家でまったく何もしない。

家に夜8時ごろ帰って来て、ご飯食べてテレビ見て、風呂入って、部屋でなんかゲームして寝てしまう。こんなん受験生じゃない、と思ってしまう。

だけど、本人の一日の行動を実際に分析すると「マンツーマン指導の課題は常に完璧、到達度確認演習も、かなり理解してる。授業もだいたい出て、自習室で1時間ぐらい勉強してる」と、そこそこの勉強はできている場合が多いんです。

こういう状態でも、「家に帰ってまともに勉強してない」と保護者の方がイライラするケースがよくあります。はっきり言いますと「親の見ているところで一生懸命勉強している姿を見せてほしい」になってしまうんですけれども（笑）

そういうお母さまお父さまの話を聴くと

「私が受験のときは…」

「受験生というものは…」

とおっしゃることが多いですね。

親の成功体験を話すことはマイナス

努力して立派な大学を出られた保護者さま、お仕事で管理職をされている保護者さ

まはとくに気をつけていただきたいのですが

・親の成功体験を伝えること
・仕事の部下のつもりで理屈のみで「指導すること」

はあまりうまくいきません。

お父さんが浪人したときは、朝8時前に予備校の玄関に並んで自習室の席を確保したんだ。授業が終わってからも自習室に夜の8時まで残って勉強したぞ。行き帰りの電車の中は英単語のカードを繰り返し見るんだ。家に帰ってからも寝る前に2時間ほど勉強するんだ。お前もせめてお父さんの半分くらいやってみないか!?!?

このメッセージを分析するとこんな感じになります。

◇お父さんは受験のときにすごく努力をした
　↓それに比べるとお前は努力していない
◇お前はだめだからお父さんのようにはできないに決まっている。評価が低い。せめて半分でも真似をしろ。

お子さんがある程度の自信を持っていらっしゃる段階で、お父さまのことをかなり尊敬していて、お父さまと同じ大学を志

望していらっしゃるのなら、この話で奮起されることもあると思います。
しかし
・自信を持てていない
・お父さまのことを素直に聞く関係ではない
・志望校はお父さまの出身校よりも入学しやすい（または目標はまだはっきりしない）
これらがひとつでも当てはまれば、「親の努力振りを伝える」は見事に逆効果になります。

私からのお勧めは次の2点です。
・親の経験は話さないほうが良い
・どうしても話したいなら、失敗談や苦手だったことがいい

■おさらい

Point

関係性とは、とにかく本音をしゃべってくれるようにすること。
親は15歳過ぎた子どもにアドバイスはしないほうがいい。
本音を聞いて、大変だね、でも頑張ってるんだねと伝えること。

3−3 言葉よりも表情や雰囲気が強いメッセージを持っている

婦人服店の店員さんに学ぶ

ショッピングモールの婦人服売り場で

お母さま方が食料品の買い物に大きなショッピングモールに行かれるときのことを例にします。最近は都市部でも地方都市でも大型ショッピングモールが増えていますね。たいてい食料品のみならず、雑貨屋さん、靴屋さん、眼鏡屋さん、洋服屋さんと集まっていますよね。

さて二日分の食料品を買いに行ったところ、たまに立ち寄る婦人服店のお店に「店内改装のため在庫処分セール」と書いてありました。お母さま方はどうされますか？　割といい感じの服があるんだけど、ちょっと値段が高め。いつも迷って結局めったに買わないお店です。

「あら、在庫処分なら安くなってるかしら、ちょっと覗いてみようかな」

こんな感じでお店に入りました。

こんなときにお店の人にどんな応対をしてもらうのが嬉しいでしょうか？

買う可能性が高まるのはどんな接客のときでしょうか？

婦人服店の店員さん

店員さんは　どのタイプ？

①

やる気満々で
積極セールス
してくる店員さん

②

何も言わずに
無表情でこちらを
見ている店員さん

あなたが「買いたい」気になる

③

注目しないで
少し離れたところに
いる店員さん

パターン①

やる気満々で積極セールスしてくる店員さん

お店に入って少し見ていると、店員さんが声をかけてきました。

「いらっしゃいませ、何をお探しですか？」「これは今年の流行なんですよ」と積極的にセールスされます。

（ちょっと待ってよ、ちょっと寄ってみただけだし……気に入ったのが大幅に値下げになっていたら買うかもしれないけど…そんな…勧められても……あ〜あ、ゆっくり見たいのになぁ、先に食料品買ってこよう）

こんな風に思いながら愛想笑いをして「ぇえ、あぁ…また後で…寄ります」とか言いながらお店を出られると思います。

パターン②

何も言わずに無表情でこちらを見ている店員さん

お店に入ると「いらっしゃいませ」という声が聞こえましたが店員さんは離れたところにいます。①よりは気楽にワゴンの中を見ることができます。10分ほど選んでいるとふと店員さんと目が合いました。

店員さんは３ｍほど離れたところにじっと立って、ずっとこちらを見ています。

ワゴンをひっくり返そうとしていた手を思わず止めました。

（あら、なんかずっと見られていたみたい、買うかもしれないけど……たぶん買わないかも……あの人どう思って見てるのかしら、「あの客なんか買うのかな」とか思われてるのかしら「買いもしないでひっくり返してばっかり……」とか思われてるかしら…）

こういう心理になるともうだめですよね、ちょっとストレスを感じてやっぱり出て行くと思います。


ちょっと分析してみます。

ここでは皆さんのモチベーションはあまり高くありません。

買う気があるのかないのか、と聞かれると「買う気がまったくないわけではない」というレベルです。つまり購入意欲はゼロではない。「ある」んです。

「とてもいいなと思ったものが見つかり、普段の価格より半額以下になっていて３，０００円まで」くらいの条件がそろえば買うかもしれない。

買う気はあるけどモチベーションは高くない。

という相手に対してパターン①のように「何をお探しですか？」「これが流行ですよ」とモチベーション高く責めてこられるのはとてもストレスなんです。

また「買うかどうかわからないがワゴンの底から商品をひっくり返す」というのは若干の「負い目」を感じます。べつに悪いことをしているわけではないが「買わないかもしれないのに申し訳ないな」という若干の負い目を感じている。そんな心理のときにずっと注目されているとストレスを感じてしまいます。

表情がニコニコと肯定的であればまだマシですが

「無表情な顔で注目している」というのは人にストレスを与えるのです。

でも、仮にそのお店がなじみの店で、月に1回は買い物をしているとか年間で10万円くらい売り上げを増やしてあげている関係であれば、パターン②でもストレスを感じないと思います。

受験生のご家庭でもよく似たことが起こっています

勉強する気がまったくないわけではない。難関大に進学したいという気持ちは少しある。でも勉強は、はかどっていないし、どうしたらやる気が出るかよくわからない。こんな心理のお子さまに「勉強しなさい」「進路はどうするの？」と言うのがパターン①にあたります。

本人より親のほうがモチベーションが高くて決断を迫るような聞き方はストレスとなって避けたくなり結局モチベーションは下がってしまいます。

「勉強しろと言わないようにしよう」と思われても、多くのご家庭ではパターン②になりがちです。

◇勉強しろと言わないように眉間にしわを寄せて我慢している。
◇リビングにいるとお母さんがいらいらしている。
◇リビングに時間割や受験のスケジュールの新聞記事が貼ってある。

などの「言葉以外の表情や雰囲気」が強いメッセージを出しているのです。

勉強したくなるお母さん像

①

やる気満々で積極セールスしてくる店員さん

‖

①

やる気満々でアドバイスしてくるお母さん

②

何も言わずに無表情でこちらを見ている店員さん

‖

②

何もいわずに無表情でこちらを見ているお母さん

買いたい気になる店員さん像＝

③

注目しないで少し離れた
ところにいる店員さん

||

③

注目しないで少し離れた
ところにいるお母さん

ではどうすればいいのか?

パターン③

注目しないで少し離れたところにいる店員さん

これがお勧めです。

お店の人がまったくいないのもストレスですよね。

「試着したい」「色違いはないですか」「上下別でも買えますか」など聞きたいことはあればすぐに対応してほしい。

声をかけたらすぐ来てくれる少し離れたところにいて、こちらのことは注目しないで何か他の作業をしている。

これがストレスを感じないでゆっくり買い物ができる環境ではないでしょうか。

ストレスなくゆっくりと選べることで商品選びのモチベーションが高まり、ひいては購入のモチベーションが高まります。

気の利いたお店はたいていい店員さんにそう行動するように指導しています。

第④章

15歳以上の子どもとのコミュニケーション　Q&A

Q&Aの形式で具体的に考えていきましょう。

Q1

親に文句ばかり言うのでイヤになる。自分の責任であることをわからせたい。どうすればいいですか?

「自分のことは棚に上げて親に文句ばかり言う」という状態はイライラしますよね。そんなこと言うなら少しは自分にできる努力をしてほしい－と思ってしまうものです。

しかし「親に文句ばかり言うお子さま」はどんな心理かを少し考えてみましょう。

・やりたいことがうまくいかなくてストレスを感じている。

まず多くのお子さまがそんな心理になっています。順調なら親に文句言わないですよね。お子さま自身が辛いようです。

・親には甘えている。頼っている。

親に何を言っても無駄だと感じていたら自分から話しに来ません。少なくとも関わ

Q1　表面上の言葉に振り回されないで

親がストレスをかけると「言い訳」をするのが自然です。「勉強しないこと」に原因はありません。あるのは「ストレスと感じるから」なのです。

りを持ってほしい、いや言い換えると「僕が困っているのをわかってほしい」「助けてほしい」という表現でもあります。

「文句ばっかり言う」という状態はいろんなことにストレスを感じていて、助けてほしいということだと思ってあげましょう。

「親に自分のことをわかってほしい」

「親とコミュニケーションを取りたい」ということなので、

○言うことを否定しないで、話を聞く姿勢を示す。

○過去のことをいろいろ言ってくるときは、共感して謝ってあげる。

という対応がおすすめです。「うるさいなぁ、いい加減にしろ」と拒絶的な対応をすると、どんどんエスカレートするか、暴力的行動に移るケースが見られます。

Q2

親が指示してはいけないと言われても、例えば学校を欠席するなら電話させないといけない。勉強以前の社会人としての躾は絶対に必要ではないですか？

勉強云々よりも無断で休むのはだめだ。社会の常識として電話連絡をさせようとするのはごく自然で当然のお気持ちだと思います。

ただ、ご本人の精神状態によっては、連絡をしなくていい。いや、しない方がいい場合もあります。

神戸セミナーでは生徒さんによっては「無断欠席することを肯定する」ことがあります。

・自信がなくて精神的にも少し不安定
・「授業に出なければならない」という強い義務感を持っている。
・精神的にしんどくても「行かなければならない」と強く思ってしまう。

こんな風に感じていられる生徒さんの場合は「やらなければならない」という義務

感が強すぎて、そのこと自体にストレスを感じてしまわれることがよくあります。

いろんなことが不安になってきて精神的にしんどくなってしまう。

そんな状態で欠席の電話をするというのはかなりのストレスなんです。

欠席の理由が言いにくいし表現しにくい。一般的な言い方では「行きたくない」「行く気がしない」でしょう。言いにくいですよね。でも今までの中学、高校のときの習慣とかで、理由を言わなければいけないと思っている。

ちなみに、神戸セミナーでは欠席の理由は聞きません。『「今日はしんどいからやめよう、電話もしづらいからやめよう、あとで行けるようになったら再開の連絡をしよう」と、勇気を持って決断したんだね。素晴らしい！』というふうに、生徒さんにはお伝えしています。

授業、模試、面談とかありますけど。必ずしも出なければいけないのか。そもそも授業は出なくてはいけないものなのか。出る方が望ましいのかという話になると、結構難しい。

授業に出てもストレスを感じないで、理解ができて効果が上がって、「効果があるなあ」「手ごたえと充実感があるなあ」と感じていれば誰でも必ず出席します。

休みがちになるということはどういうことかといえば、「なにかにストレスを感じている状態」です。

勉強はわかるけれども、人にストレスを感じているのかもしれない。

朝きちんと起きる、遅刻してはいけないということにストレスを感じているのかも知れない。

とても苦手な科目があって一度休んだら余計にわからなくなって強くストレスを感じているのかもしれない。

休みがちになるということは、そんなふうに、何らかの形でストレスを感じていて、物事がうまく回っていない、ということなんです。

そこで授業に出ることだけをとりあげて、「休まないで」とか「明日は行くの？」とか、そういう話をすることはストレスをかけるだけであまり意味がない。

そして「休むんだったら電話しなさい」というのもストレスを増加させるだけです。

本当にただの体調不良で休むだけならほっといてもまず電話します。

Q2　無断欠席

「自信があって、目標が明確で、論理的に行動できる」のであれば欠席はしません。15歳を過ぎての病気以外の欠席は「いろんなストレス」と理解してあげましょう。

Q3

模擬試験を受けないと受験にはマイナスになると思うので、受けるように伝えてもいいですか？

模擬試験は、

・全国偏差値で全体に50程度の学力がある。
・具体的な志望校が心の中で確定している。
・志望校と今の学力がそれほどかけ離れていない。
・「やればできる」という自信を持っている。

こういう人は受けた方がいいです。

でも、模擬試験で一定の点数が取れるというのは「完成品に近い学力」でなければ無理です。英語で言うと、

「単語を２０００くらい即答できるレベルで身につけている」
「現代文の読解力はあって、高いレベルである」
「長文を辞書なしで読む練習を１か月半ほど続けている」

という人でないと、模試を受ける意味がありません。その状態でない人が模擬試験

を受けるとどうなるか。

はじめっ！　の合図で試験問題を開けます。

「わっ英文がいっぱいで難しそう」と感じる。

ちょっと読み進めてみて「何が書いてあるかぜんぜんわからへん！」となる。

そこでテンションとモチベーションが大いに下がります。模擬試験だから途中退席できない。あきらめて、時間がたつのを我慢して待つだけになってしまう。

そのあと受験カードに志望校を書かないといけない。これは結構大変な作業なんです。昔と違って「立命館大学法学部」といっても「○○方式」「△△日程」とかいろいろあるのでよくわからない。そこでまた雑念が入ってきて「こんなにわからなかったら立命館なんか書いたら恥ずかしい」「判定が悪くなるのはいやだ」と考えてしまって本当の志望校を書きにくくなってしまう。

1カ月ほどたって、成績が戻ってきて、あぁぁっと落ち込む。

勉強にプラスにならない上に、成績見て落ち込むので、本当に受けない方がいい。

じゃあ、なんでやるの、いうことになりますけど、受けた方がいい人は存在するので。「ただの練習で、点数や結果は気にしないでおこうねー」とは言っていますが。基本的には、受けない方がいい人が過半数です。

Q3　模試の功罪

一定レベルの学力に達していなければ「模擬試験」を受けるとやる気がなくなります。

Q4

レベルの高い難関大を志望しているが、努力が足りないし学力が伴っていない。志望校を変えてもっと現実を見るように言ってはいけないのですか?

モチベーションを高める原則のひとつに「具体的な目標がある」というのがあります。

看護師になりたい、医師になりたい、カウンセラーになりたい、弁護士になりたいなどの職業の目標ができたり、関学でアメリカンフットボールをやりたい、同志社大学のキャンパスの雰囲気にあこがれて……などなど、具体的な目標はとても大切です。

大切なことは「目標ができる」ということなんです。具体的な目標はあるだけでモチベーションがあがります。それなのに

「医学部なんて無理だ」「カウンセラーでは喰っていけない」などとせっかくの具体的な目標を否定してしまってはモチベーションが下がることはほぼ確実です。

「親に志望校を変えさせられた!」と言って(一層?)勉強しなくなるわけです。

「目標があること自体がいいこと」と考えて、志望校は否定しないことがお勧めです。

Q4·5　禁句

「具体的な目標ができた」ということ自体が「いいこと」なのです。「中身（学校）」には触れず「目標があること」を肯定してあげましょう。

Q5

難関大学を目指してよく努力しているが、まだまだ隔たりがあり、本人が焦っている。「もう少しレベルを下げたら」と言いたい。

この場合、親は何も言っていないのに、ご本人が、たとえば「国立の医学部」と言っている。親としては「そんなに無理せんでもええやん」「私立の医学部でもお金のことやったら何とかしてあげるよ」と伝えてあげたい。

気を楽にさせてあげようというお気持ちですね。これはどうなるかというと、「あなたにはどうせ無理」と言われているように聞こえます。

「どこの学校でもええやん」、「大学じゃなくてもええやん」。これは、難関大を目指すことや、大学受験をあきらめろというふうに聞こえます。

いずれにしても「肯定」ではなく「否定」のメッセージになってしまいます。

志望校や目標に関する親の側からの「変更しろ」のメッセージはタブーだと思ってあげてください。

Q6

学力的にも、努力ぶりもまだまだだが「志望校は早稲田大学」と言っているので「早稲田はいい大学よ」と肯定した方がいいんですか？

「志望校があること自体がいいこと」とお伝えしました。だからいくら高望みでも「肯定」してあげてください。

ただしここで難しいのは「志望校そのもの（早稲田大学）」を肯定するのではなくて「具体的な志望校があること」を肯定してあげていただきたいのです。

「早稲田大学はお父さんの母校だしお父さんも喜ぶわ」ではなく「目標が決まってよかったわね。あなたが本気になればどんな大学でも大丈夫よ」という風に「早稲田大学」には触れない方がいいのです。志望を決めるのはあくまでお子さま自身です。大学はどこでもいいのです。早稲田大学を肯定すると「××大学ではだめ」という意味を含んでしまい、親の介入になってしまいます。

Q6　肯定のしどころ

「学校そのもの」には触れないほうがいいですね。

Q7

休みの日はいつもテレビかゲームばっかりで家でごろごろしている。
進学する気があるのかどうか聴いてみたい。

「どう思っているのか本人に聴いてみたい」というのは多くの保護者の方がおっしゃる言葉です。

ここで「聴く」という意味を少し考えてみましょう。もしお子さまが『何かについて強い意志か意図を持っていて、計画や作戦を考えている』『自分の人生や将来についてじっくり悩んでいる』『自らの行動について論理的な作戦を立てている』のいずれかであれば「それを説明してもらう」ということは可能です。

しかし、そんな高校生や受験生は滅多にいらっしゃいません。

(少なくとも私が18歳の時は論理的ではなく情緒的でした)

「婦人服の店員さん（P.98参照）」を思い出してください。

「食料品の買い物のついでに、バーゲンという文字に誘われてちょっと寄ってみただけ」のときに「何をお探しですか?」と聴かれるのと一緒なんです。
「聴かれる」ということ自体が「何しに来たの? どうせ買う気なんてないんでしょ」というメッセージになっています。

つまり「受験はどうするつもりなの?」「本当に大学行く気があるの?」と親が聴くことは「テレビばっかり観ていないでさっさと勉強しなさい!」と言っているのと同じことになります。
店員さんに「何をお探しですか?」と言われたら、愛想笑いをして店を出て行くように、お子さまは
「わかってるっ!」と不機嫌にリビングを出て行く可能性が大だと思います。

Q7　どうするつもり?

「聴くこと」＝「勉強しろとストレスをかけること」になりがちです。

Q8

家を出て行くフリをしているが実は学校（または塾、予備校）に行っていなかった！　許せない！　親をだまして、嘘ばっかりつく。本人を問い詰めて説教するしかないでしょう。

典型的な「家庭のストレスが大きいケース」です。

学校（塾、予備校）でストレスを感じる。でも家にいるといろいろ言われてもっとストレスを感じると生徒さんはこういう行動をされます。

こういうときに問い詰めても全く逆効果です。

「子どもの行動は親の成績表」と思ってあげてください。

こんなときはまさにピンチをチャンスに変える絶好の機会です。まず肯定してあげましょう。「親の謝罪」からがいいですね。

「お母さんはそんなつもりなかったけど、あなたにすごくプレッシャーを与えていたのね、ごめんなさい！」「ほんとだったら家で暴力振るったり、引きこもる人が多いらしいけど、よかったわ、ありがとう」

こうおっしゃることがもしできれば、お子さまの行動はまず前向きになります。

また本音も聞けて関係性が大いに改善されます。

Q8　嘘ばっかり

ただいまー
塾に行ってないのはわかってるんだからもう嘘ばっかり
センセ聞いてくださいうちの子塾に行ってないのに行ったって嘘つくんです
ほう行ってないのに行ってるフリを…
家でも塾でもストレスを感じているお子さんの典型的な行動なんですよここで「説教」すると逆効果です
コミック
塾
そんなに大きなストレスを…気づかなくてゴメンネ…
家も居心地悪かったのね…気づかなくて…
ショック…

15歳以上ではこういうケースで「問い詰める」は逆効果です。

Q9

勉強はともかく生活習慣が乱れているので注意してもいいですか?

勉強の話をしないようにしているが、「朝起きろ」とか、「早く食事しなさい」、「風呂に入れ」とか言っているわけですね。もう大人なんですから、必要なときに必要なことを必要と思えばやります。お母さんが「こうでなければならない!」と思うことが、お子さまにとってのストレスになりがちです。お風呂に入らなくても死ぬことはないと思います。

ダンナも
子どもも
「フロ」「メシ」
しか
言わなくなった
と一時話題に
なりましたが
「起きなさい」
「おフロよ」
「ゴハンよ」と
お母さんが
世話を焼くと
それさえも
言う必要が
なくなる…!
オフロよ
ボーっ
ゴハンよ
ボーっ
起きなさい

Q9　生活習慣

勉強や進路にかかわらず、「生活習慣を細かく指示すること」もストレスになっているケースがよくあります。

Q10

出張先で合格祈願のお守りを買ってきたので渡したい。勉強のことは言わなくてもお守りくらいは良いのでは?

コレはかなり強烈なメッセージになってしまいます。

特にお父さまがレベルの高い大学を卒業されていて、お子さまの進学にかなり熱心であるとご本人が認識している場合は、相当なストレスになります。

「ちゃんとやれ」「○○大学行け！」と言葉で言っているのと同じなのです。

勉強にストレスを感じている人、自信をなくしている人にはかなり厳しいメッセージになってしまいますので気をつけてください。また渡す人との関係性にもよります。

全くの第三者の方や、親戚のおじさんとか、あまり問題はありません。

でも「1歳上の従兄弟が京大に進学していて、日頃から親にその従兄弟と比較されている状態でその人にコンプレックスを感じている。その従兄弟の父親であるおじさん」だったら、もう「受験は終戦」になってしまうと思います。まわりは誰も悪気はないんだけれど、イヤミ以外の何ものでもないって感じに受け取ります。

お守りひとつでも、ご本人の心理状態や関係性によっては、強いメッセージを持っているということを知っておいてください。

Q10　合格祈願のお守り

「婦人服の店員さん」の2番目と同じです。

Q11

社会に出たらストレスの連続のはずだ。プレッシャーに打ち勝つ人間に育てたい。甘いことを言っているだけではいけないのではないか?

おっしゃるとおりだと思います。ライオンの親はわが子を千尋の谷に落とすといいますよね。ストレスに耐えることができて、プレッシャーに打ち勝つ強い人間になってほしいですよね。

私もまったくそのとおりだと思っています。

ではそうなってもらうためにはどうすればいいのでしょうか?

プレッシャーを与え続けるとプレッシャーに耐えられるのでしょうか?

そもそも「プレッシャー」とはどんな状況なのでしょうか。

「プレッシャーに弱い人」はどんなタイプの人なのかを考えて見ましょう。

私はこのように思っています。

「失敗を恐れる」「勝負を避ける」「しんどいことが継続できない」「だからいい結果が出ない」

こんな状態ではないでしょうか。

「失敗を恐れずに勝負して、しんどいことからも逃げないで継続して準備をすることで最後には目標を達成できる人」

将来こんな人間になってもらえたらいいなと多くの保護者の方はお考えではないでしょうか。

そうなるためのキーワードは「自信」です。

自信のある人は失敗したときに「自分にできないわけがない」「次は成功するはずだ」と考えてチャレンジします。

自信がないと失敗したときに「自分には無理だ。あきらめよう」と考えがちです。また自信のない人は他人の評価を気にするので「結果が悪いこと」にストレスを感じやすくなります。すると「結果を気にして勝負を避ける」という行動になってしまいます。

また自信のある人は「自分なら絶対できる」と思い込んでいるので、少々のことであきらめたりしません。自信がないと「いくら頑張っても結果が出ないんじゃないか」と思うことが多いのであきらめて逃げることが増えてしまいます。

そこでお勧めは「自信を持たせる言葉をかける」「本人を肯定する」「成功の体験を繰り返させる」ということなのです。

Q11　輝く子どもに…

失敗を恐れず常にチャレンジ精神をもって目標に向かって突き進んでほしい
キラキラ
理想の子ども像
だけど現実は…
班長？ムリムリ
失敗を恐れ
つらいもう歩こ
しんどいことから逃げ…
継続ができない…
失敗
バリッ
しんどいコト
ベリッ
継続するコト
ビリッ
これらを身につけるためのキーになるのは…
自信！
今からでも遅くない
その調子その調子

「自分なら何とかなる」「失敗しても親は味方」という気持ちがポイントです。

第5章 おすすめ言い換え集

そう言いたくなったら、こう言い換えましょう

この章では、ご家庭で日常交わされている親子の会話（ひょっとしたら単なる親からの一方的介入かも?? ごめんなさい）を取り上げます。

「ストレスを下げる」「自信を持たせる」という方針を前提とすれば、どうすればいいかを具体的にご提案します。

①「頑張れ」は禁句

《よくある使用例》
「高3の夏休みはみんな本格的に受験勉強を開始してるのよ。あなたもテレビばっかり観てないでもう少し頑張ったら!?」

受験生の親御さまで「頑張れ」「勉強しろ」と言わない方はかなりの少数派だと思

います。

第2章の復習です。

10歳あたりまでは「頑張れ」「勉強しろ」はある程度効果があると思います。でも15歳を過ぎた高校生の世代では「親の言うことを聞く」ということを期待してはいけません。お父さまお母さまは「もっと勉強してほしい」「結果はともかく努力しないと悔いが残るから何とかさせたい」と思いますよね。だからこの本を読んでいただいている！（笑）

しかし、「勉強しろ」と言ったところで行動が変化するとは思えない。

変化があるとすれば「リビングでぶらぶらしないようにして部屋に逃げ込む」あたりではないでしょうか？

「頑張れ」「勉強しろ」は強い否定です。「今は頑張っていない」「本来するべき勉強をしていない」というメッセージになります。これを続けるとこんな現象が起こります。

○親子の関係性の悪化＋家庭のストレスが高まる

《起こりがちな現象》

・返事をしなくなる。親との接触を避ける。部屋から出てこない。

・帰宅時間が遅くなる。

・塾・予備校・学校へ行ったフリをして実際は行っていない。

○勉強へのマイナスイメージの増加

《よくある副作用》

・文句を言われないように形だけ勉強するが、気持ちは「いやいやや」なので、ほとんど効果が上がらない。

・自ら効果的な勉強を工夫したり考えたりしなくなる。楽な勉強（ノートをまとめる、漢字な

「頑張れ」だと…

これ、この前のテストの結果
言いたい文句をグッとおさえて
頑張って！
と言ったとしても…
もっとやれ！
＝やってない…と聞こえる
強い否定
ズ

「わかりきっていることを言われる」のは不快なものです。また「ちゃんと勉強しろと言われる」と予測できます。

どを単に覚える、得意な科目をちょっとやる）だけしかやらない癖がつく。

・思考力を身につけるような考え

《追伸コラム》

「頑張れ」が自信を失わせる

うつの人に「頑張れ」は言わない方がいいというのは多くの方がご存知です。うつに限らず、自信のない人にも「頑張れ」は言わない方がいいのです。

「みんなも頑張っているんだからあなたも頑張れ」と言われると、「みんなにできることが自分にはできないんだ」と考えてしまい自信をいっそう失わせることになります。

ちなみに「自信」と客観的な学力とはある程度の相関関係はありますが、偏差値65でも自信のない受験生はいますので決め付けないほうがいいと思います。

「頑張ってるね」だと…

これ、この前のテストの結果
頑張ってるね！
やっているのをちゃんと見てる
＝
評価してくれている
ヤル気UP！

予測したことをはずされると、お子さまは意外に感じます。それが不快でないことであれば「どうすれば良いか考える」という方向に意識が働きます。

る勉強は一切しなくなる。常に「親にどう言われるか」に関心が行くので親の監視がないところでは一切勉強しようとは思わない。

【言い換え】
頑張れと言いたくなったら
『頑張ってるね』と言ってあげる

「家庭のストレスを下げる」「勉強に対するストレスを下げる」が目標です。

指示・強制（つまり本人を否定すること）は当然ストレスをアップさせます。

すると方針は簡単！

肯定すること
なのです。

「うちの息子はまったく頑張っていないし……」「こんなにダラダラしていて肯定する部分などまったくない！」と思われるお母さまにはお願いです。

「肯定できるところ」「いいところ」を探しましょう。近所の人にあいさつするでもいいし、思いやりがあるとか、正義感が強いとか、クラブは熱心だとか、食事の食器を必ず下げるとか、何かあるはずです。

「親の言うことを聞かない」だって「自立しようと頑張っている」「自分なりに考えている」というしるしですよね。

「頑張れ！」「勉強しろ！」とストレスをかけるよりは「あなたは頑張っている」といわれた方が自ら考える機会が広がるものなのです。

②「大丈夫か?」は強い否定の言葉

《よくある使用例》
受験生なのに、そんなにのんびりしていて入試は大丈夫なの?

「大丈夫か」。これは不安をあおる言葉です。

この言葉が投げかけられるのは、こんな状況がほとんどです。

親や教員など、管理する立場の人間が努力が足りない、意識が低いと思われる受験生に対して
「私は経験上わかっているが、今のお前の行動では受験で必ず失敗して困ったことが起こるんだぞ。そうだ、大丈夫ではないのだ! このままではだめなのだ! わかっているのか!」

という趣旨で発言されるようです。

神戸セミナーでは
「大丈夫か?」=「大丈夫じゃないよ」=「不安をあおる言葉」

と定義しています。

人は「暗示」に大きく影響されます。

私が、デパートの屋上で休んで缶コーヒーを飲んでくつろいでいると、2～3歳くらいのお子さんたちが二人ではしゃいでいらっしゃいました。活発に走り回って、高いところに昇ったり、走りまわったりする。ほほえましいなと思ってみていると、お母さまが危険はないかと後ろを付いていきながら「落ちないように気をつけてね」「しっかりつかまってね」と声かけをしていらっしゃる。

すばらしいなと感じました。このお母さまはきっと何かのプロかもしれない。

街でよく聞く声かけは「危ないからやめなさい！」「こけるよっ！」「落ちるよっ！」という表現です。これだとマイナスの暗示になります。

落ちるよって言われたら落ちそうになりますよね。「落ちないように気をつけてね」「しっかりつかまってね」はマイナスの暗示を与えないで、落ちないよう工夫することに意識を向けていらっしゃる。言葉はそれ自体で暗示を与えてしまいますのでなかなか怖いものなんです。

会話ではできるだけ肯定の暗示、プラスの暗示を

与えましょう。

「高校入試のときもそうだった」など過去の失敗のことを思い出させて強調するのは典型的なマイナスの暗示です。絶対言わない方がいい。

「今回はうまくいくように、過去の失敗を教訓として思い出させて……」と保護者の方がお考えになる気持ちはよくわかります。大人の仕事や、スポーツの強豪チームの練習ならそれでもいいし、「悔しさをバネにして頑張る」という話はよく聞きますね。

でもそういう美談はどこで聞かれますか？

ごく近所の身近な平均程度のクラブ活動でそんな話を聞かれたことがありますか？テレビや新聞で取り上げられるような全国大会レベルに出場するチームや選手の話ではないですか？

少なくともご本人の今の状況が　①自信がある　②目標が明確　でなければ過去の失敗を思い出させることは、「自信のさらなる喪失」を招くだけになってしまいます。（第3章の2ご参照）

できるだけ、うまくいったことを思い出してもらう。それと今からうまくいきそうな話をする。自分

のこの先はうまくいく、そういうプラスの暗示を常に言ってあげる。そしてお父さまお母さま自身がそういう風に思って暗示をかけるように努める。

「大丈夫か?」というのは、不安の暗示です。「お前はこれからこうなるぞ」、「このままでは将来大変になるぞ」、「生きて行けないぞ」、そんなこと言われたら誰も元気にはなりませんし、頑張ろうという気にはなりませんよね。

【言い換え】『大丈夫?』と言いたくなったら『大丈夫だよ』と言ってあげる

高3の息子が六月に模試の成績を見せた。書いている志望校が全部「E判定」だった。平日は毎日クラブで帰宅は夜遅いし、家ではほとんど勉強していない。土日もクラブの練習か友達と遊んでいる。お母さま自身が目まいがしそうでとても不安になった。

思わず「あなた……こんなんで大丈夫なの?」と言いそうになった。

ここで一瞬思い直して次の言葉をお願いします。

「あなたが本気になれば大丈夫よ!」

「クラブに頑張ってるからお母さん嬉しいわ」
「肯定する」と同時に「信頼する」「親は介入しない」というメッセージを伝えましょう。

《ポイント》

◇言葉ではなく表情や雰囲気がとても重要です。「大丈夫よ」と言いながら顔が引きつっていたり、不安そうにおろおろしていたらマイナスのメッセージになってしまいます。

（婦人服の店員さんの②）

本当に信頼する気持ちが大切です。

◇その一瞬だけとってつけたように「大丈夫だ」と言っても不自然ですよね。日ごろから本当に「肯定す

「大丈夫?」だと…

そんなにのんびりしていて入試は…
ドキッ
大丈夫なの?
大丈夫なの? = 大丈夫じゃない
合格はムリ = ダメ

「大丈夫なの?」という問いかけは強い否定の言葉です。

る」「信頼する」「うちの子は大丈夫」と自らに暗示をかけるつもりでいきましょう。そのことが家庭のストレスを大いに下げてくれます。

「大丈夫だよ」だと…

そんなにのんびりしていて入試は…
ドキッ
あなたが本気を出せば大丈夫よ
うん これから頑張るよー

「大丈夫よ」と声をかけた方が、「えっ　なんで？」と自ら考えるきっかけを与えます。

《追伸コラム》
マイナスのことを抽象的に言わない

入学前に相談に来られる保護者の方が、お子さまについて「やる気がない」「集中力がない」「言うことがころころ変わる」などと表現されることがよくあります。お母さまのイライラのお気持ちは伝わるのですが、そう表現されることはあまりお勧めできません。さらにご本人の前で表現されることは絶対に避けられた方がいいと思います。

ちょっと難しいのですが、お勧めするのは「状況を細かく具体的に表現すること」です。「やる気がない」というのは、例えば、「大学進学の意思はあり、具体的な志望校も口にするが、受験勉強そのものは今のところ開始できていない」ということになります。

ほら、バーゲンのお店に立ち寄ったお母さまと似てませんか。

抽象的なマイナス表現は「ただの否定」になってしまい、「評価」「レッテル貼り」なので、そこで「終わり」の感じとなり、いやな気分になります。

具体的に表現すれば、「困ったね、どうすれば良いかな」という、一緒に考えようという雰囲気が出てきます。些細なことですが、少し意識してみてください。

③「はっきりしろ」はあきらめを促す言葉

《よくある使用例》
大学に進学するのか専門学校なのか、いい加減にはっきりしなさい！

お子さまが難関大を目指すと言っている。そのこと自体は、どちらかといえば喜ばしいことだなあと感じる。でもまったく努力をしない。その矛盾にいらだってしまう。まあ比較的易しい大学にするとか、専門学校に進学するとか、それならそれで自分の人生なんだからかまわないんだけど、難関大に行くんだと言っておきながらあまり勉強しないのはおかしい。納得できない。はっきりさせたい。

受験生の親御さんでこんな風に感じられている方は多いのではないでしょうか？

お気持ちはごもっともです。

こういう状態の受験生はどんな心理かを解説しますと
○行けるものなら難関大に行きたい。ぜひ行きたい。
○でも勉強にはストレスを感じるし、あまり集中できていない。
○目指すならもっと勉強を頑張らないといけないのはわかっている。このままで合格できるとは思っていない。
○自分には無理かなあーと漠然と思っている。
○でも行けるのなら行きたい。
こんな感じです。
「勉強は頑張るものであり、しんどいなぁ」（学習へのストレスが高い）
「行きたいけれど半ばあきらめている」（自信がない）

お母さまに例えると
すごい気に入った服をお店で見つけたが「26、000円」で、ちょっと高すぎる。次に見に行ったら20％引きになっていた。でもまだ20、800円で、やめとこうかなぁ。
こんな心理に似ているのです。

「家計にそんな余裕はないしなあ」（支出へのストレスが高い）
「買いたいけれど半ばあきらめている」（買って後悔しないかな）
こんなときに「買うのか買わないのかはっきりしてください」と決断を迫られたら？？
じゃあ、やめておくわーとなってしまいますよね。
どうすれば購入への決断に向かうのか？
ひとつは支出へのストレスが下がった場合です。
◇もう少し待てば、さらに値段が下がる可能性がある
◇宝くじなどで５万円当たった
などが起これば ご購入になるでしょう。

もうひとつは「ものすごく自分に似合っている」「とても素敵だ」と確信を持たしてもらうことです。

店員さんに「すごくお似合いですわよ」と言われたら、（営業トークと半ばわかっていても）嬉しくなって思わず買っちゃいますよね。

受験勉強でも似たような構造なんです。

心がけることは、

学習のストレスを下げる方向の言葉
自信アップにつながる肯定の言葉が大切です。

【言い換え】
『はっきりしなさい』と言いたくなったら
『あなたなら（難関大に）合格できると思うよ』と言ってあげる

「あなたのような素敵な女性には、少し高価だがこんな素敵な服がふさわしい」

といった感じの肯定の言葉をもらうと、気分は「快」になり行動も「買い」になります。

「はっきりしなさい」だと…

あんな調子で受験したって受かるわけがないどうするつもりなんだ
ゲラゲラ
受験するのか就職するのかそろそろハッキリしなさい
ハッキリしなさい＝もうあきらめろ
ズーン

自信のない状態や、うまくいかないと思っている人に「どうする気だ」「はっきりしろ」という質問は「中途半端なら諦めろ」というメッセージになります。お子さまが「実は自信がある」というときならプラスに作用しますが、自信がなければはずねて諦める方向に意識が働きます。

神戸セミナーでは生徒さんに
「あなたが本気になれば○○大学には必ず合格できると思うよ」

「あなたは○○大学レベルに進学した方が楽しいと思うよ」

「まず英単語をきちんと覚えれば可能性が一気に高まるよ」

といったお話をします。

「○○大学を目指すならもっと勉強しないとだめだよ」

という表現だと生徒さんには
「君には無理だからあきらめなさい」

と伝わります。

ここでもやはり肯定の言葉ですね。


「はっきりしなさい」を封じると…

自信を持てるような言葉の方が効果的ですね。

《追伸コラム》

親が学習指導をするのはタブー

神戸セミナーの教員兼カウンセラーが「まず英単語を覚えれば…」と言うのは一定の効果がありますが、ご家庭で親御さまが同じことを言うのはお勧めできません。

学習指導や、受験の技術的なことを親が伝えるのは、（それが正しいことでも）効果としてはマイナスです。

「親が学習に強い関心がある」「親はお前の行動を監視している」「親は学力と学習ぶりを掌握している」というメッセージを与えることになり、家庭のストレスと学習のストレスが高まることになるからです。

お子さまが15歳以上になったら家庭で親が勉強の指導をするのは避けられた方がいいのです。

④「なぜしないの？」は無意味

《よくある使用例》
○○大学に行きたいんだったらなぜもっと勉強しないの？

神戸セミナーは進学校を中退して難関大を目指す生徒さんがたくさん在籍されています。その多くの方々はいろいろなストレスを抱え、悩んでいらっしゃいます。

たとえばカウンセラーがこんなことを言うことはありません。

不登校の生徒さんに「なぜ学校へ行かないのか？」

リストカットをする人に「なぜそんなことをするのか？」

論理的に理由が説明できればだれも悩みません。

「第三者にわかるレベルで説明ができる」という段階はもうほとんど問題が解決した状態なのです。

近畿地方の中高一貫校の高校2年生の人が家に放火して家族3名がお亡くなりになる事件がありました。「学力優秀な子がなぜ?!　どうなるかわからないはずがない」「なぜそんなことをしたのか」といった報道がありました。人は強いストレスを感じると論理的な行動ができなくなるのです。

極端な例を出すなぁと思われるかもしれませんが、「健常」とみなされている高校生は、はたしてどれくらい論理的に自覚して行動しているのでしょうか？

私自身が高校生のときにどのくらい先のことを予測して論理的に行動していたかを考えると……

う〜ん、高2の8月以降は野球の練習ではちょっとだけ「理屈優先」で行動していたかなと思いますが、学習とか受験などは「なんとなく」「気分で行動」だったと記憶しています。

「なぜしないの？」だと…

おまえの志望校は○○大なんだよな
うん…
ピロピロ
じゃ なんで もっと勉強しないんだ
人の顔みたら文句ばっかりやー もう うるさいなー ほっといてくれー
ぜんぶ やめる もう

「親はどの大学でも良いと思っている。「しかし本人が難関大に行きたいといっている」「それならもっと努力しないとおかしい」というお気持ちはもっともです。でも十代の人がそんなに論理的に行動するわけではありません。ここで「理屈」で責めてもプラスの効果は期待できません。

はたして世の中の高校生の何%が論理的に行動しているのでしょうか？

お父さまやお母さまはどうですか？　高校時代に論理的に考えて行動されていましたか？

もちろん日本中に数百名程度は、サイボーグやコンピューターのような論理的な高校生もいると思います。私の経験上の推定では1、000人に一人くらいの感じです。

つまり99・9%の高校生に「なぜしないの？」といっても意味がないということです。

あっ、違った。論理的に行動するスーパー高校生は大人が見ていらい

「なぜしないの?」を封じると…

おまえの
志望校は
○○大
なんだよな
うん…
ピロ
ピロ
アイス
食う？
どういう
風の
吹きまわしや
でも
そろそろ
やらな
あかんなー
うん

「子どもに予測される言い方」よりも「えっ」と思わせて予測をはずすほうが効果的です。「何が言いたいのかな？」と考える方向になります。

らするような行動はしませんので、「そう言いたくなる高校生」を母集団とするなら「なぜしないの?」と言って効果がある高校生は0%ということになります。

つまり、なにか理由があって勉強しないのではなく、なんとなくしないだけですね。

論理的でなく、情緒的なんです。

情緒には情緒で対応しましょう。

原則は簡単!
◇「快」にさせる
◇ストレスを下げる
◇おだてる
こんな感じですね。

【言い換え】
『なぜ勉強しないの?』と言いたくなったら
意識して笑顔になり、本人が喜びそうなことをしてあげるごめんなさい！　ちょっと無茶なことを言いました。
基本は
「肯定する」「家庭のストレスを下げる」「快にさせる」しかないんです。
本人の人生なのでなるようにしかならない
こんな風に思っていただくことが可能性を高める要因なのです。

おわりに

30年前くらい前の高校野球の練習では
「ピッチャーは肩を冷やしてはいけない」

「練習中に水を飲むことはけしからん！」

「根性を身に付けるためにうさぎ跳びでグランド一周」

などが常識とされていました。

今では、そんな「非常識」なことを言う指導者はいません。
この本でお話ししていることは、ひょっとしたらかなりの数の先生方や保護者の方は
「非常識だ」「何を言っているんだ」とお感じになるかも知れません。
でも約5000人のうまくいっていない生徒さんの対応を重ねるうちに、そして私自身
が何度も指導の失敗を繰り返すうちに
「学習の本質は心の問題だ」と確信するようになりました。
つまり「やる気」の問題です。

指導がうまくいかないときに生徒さんのせいにすることは簡単です。
でも私たちがもっともっとできることがあったのではないか？
そう考えているうちに、「システムズアプローチ」「家族療法」という心理学の考え方に出会いました。

さらに、「意欲を高めるためには保護者さまの協力が不可欠だ」という認識にいたり、「ご家庭の状況」にも深くコミットすることを心がけるようになりました。
今では「学習環境を整えるためには、まず保護者さまのご協力のお願い」と考えています。

受験勉強の世界でも10年後くらいには「15歳過ぎた子どもに勉強しろという親はいない」となったら良いのになぁ
なんてことを考えています。

本書の出版に当たり、学びリンク株式会社さま、またツボを押さえた素敵なイラストを書いていただいた湯村圭子さまに大変お世話になりました。

また「子育て」「家族の考え方」についていろいろ学ばせていただいた今までの神戸セミナーの生徒さまとご家族にも感謝申し上げます。
おまけですが、私自身にいろんな気付きとヒントをくれた母　喜美子、妻　千恵、やんちゃな一人娘　みおんにも感謝したいと思います。

喜多　徹人

なにかで
自信を
持てば
人生
きっと
うまく
いくよ
キタ
カルテ

PROFILE

著者

喜多　徹人　Kita　Tetsuto

神戸セミナー校長・カウンセラー。1960年滋賀県生まれ。
高校時代は夏の甲子園に一番セカンドで出場。
京都大学法学部卒。
大手銀行に6年間勤務の後、1991年から教育業に転進。
心理学をベースにしたわかりやすく面白い話には定評が
あり、高校生、保護者、教諭対象の講演会を年間約50回実施。
趣味はスポーツ観戦、テディベア収集、混声合唱。

全国予備学校協議会　副会長
日本ブリーフサイコセラピー学会　会員
日本家族療法学会　会員
日本学校教育相談学会　会員
日本心理臨床学会　会員
日本心身医学会　会員
SST普及協会　会員
日本COG・TR学会　会員
(2022年3月現在)

編集・イラスト・マンガ

湯村　圭子　Yumura　Keiko

ふだんは編集担当。若い頃、漫画家志望だったことから、学びリンク㈱入社後はイラストを描くようになり、この本では、ついに漫画に挑戦。漫画の描ける編集者としてこれからも精進していきます。

プライベートでは高校生、大学生の男の子の母であることから、原稿を読みながら身につまされることしきり。「勉強しなくていいの？」と言い終わらないうちに子どもがバターンと部屋から出て行く、この本で何度となく描いたシーンは、まさにわが家の日常の風景。「全国の、勉強しない子のお母さん、一緒に〝③番のお母さん〟をめざしましょう！」

あなたの子どもは　なぜ勉強しないのか

2008年 8 月 11 日　初版第 1 刷発行
2022年 3 月 18 日　第 7 刷発行

著　　者　喜多　徹人
発 行 者　山口　教雄
発 行 所　学びリンク株式会社
〒 102-0076
東京都千代田区五番町 10 番地 JBTV五番町ビル 2 F
電話　03-5226-5256　FAX 03-5226-5257
ホームページ　https://manabilink.co.jp
ポータルサイト　https://www.stepup-school.net
印刷・製本　株式会社　技秀堂

ISBN978-4-902776-31-7

話題沸騰の画期的子育て本　第二弾待望の発売！

あなたの子どもはなぜ勉強しないのか Part2

―15歳を過ぎたら犬家族から猫家族へ―

思春期を過ぎたお子さんの厳しい変化を、ニコニコして受け流せるお母さんになれたら…

お子さんを大きく伸ばす
ヒントが満載！

著者：喜多徹人
　　　神戸セミナー校長（カウンセラー）
体裁：四六判 136 ページ
定価：本体 1,000 円＋税
ISBN：978-4-902776-56-0

世のお母さんたちの共通のテーマ「どうしたらうちの子は勉強してくれるの！？」に真正面から答えた、画期的子育て本「あなたの子どもはなぜ勉強しないのか」待望の第２弾！
８歳の子どもが 15 歳になると「別の生き物」と言っていいくらい変化・成長します。
思春期を過ぎたら、本人の成長に合わせて「犬家族」から「猫家族」に変わっていくのがオススメです。自立心と考える力を伸ばしましょう。

内容

- ◆やる気になる法則
  ～「やる気」のメカニズムを知ろう～
- ◆社会人として必要な能力とは
  ～本当に勉強と学歴は大切なのか～
- ◆誰が何に困っているのか？
  ～お母さん自身のメンタルヘルス～
- ◆いつ子離れすればいいのか
  ～犬家族から猫家族へ～
- ◆いい結果を招く言い換え集

大反響！

アマゾン、セブンネットショッピングなど教育書ランキングで上位獲得！